Einsterns Schwester

Themenheft 1
Sprache untersuchen

Herausgegeben von
Roland Bauer
Jutta Maurach

Erarbeitet von
Andrea Koch

Auf der Grundlage der Ausgabe von
Roland Bauer
Jutta Maurach

Cornelsen

Inhaltsverzeichnis

So kannst du mit den Heften arbeiten

Du machst alle
Seiten der Lernportion 1.

Zuerst im grünen Heft.	Dann im roten Heft.	Dann im gelben Heft.	Und dann im blauen Heft.
	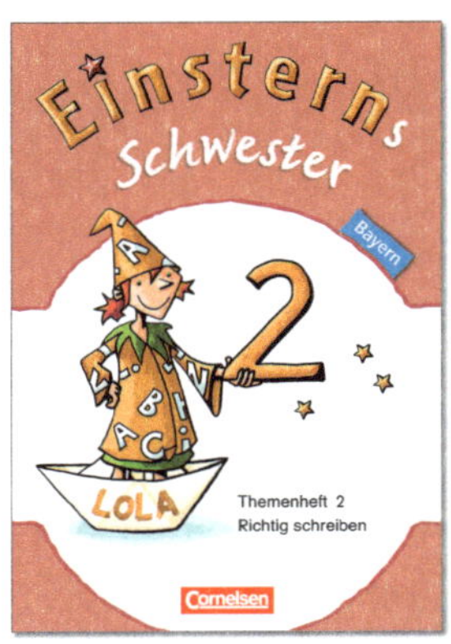		

Danach machst du in
allen Heften die Lernportion 2.

Nun machst du in
allen Heften die Lernportion 3.

Genauso bearbeitest du
alle anderen Lernportionen.

1 Vornamen ordnen

1. Lege eine Tabelle in deinem Heft an.
   Trage die Namen der Kinder ein.
   Unterstreiche die Anfangsbuchstaben.

H. 1, S. 5, 1

Mädchennamen	Jungennamen
Anne	Max

2. Ergänze die Tabelle mit deinen Lieblingsnamen.

3.

1 Nomen für Menschen kennen lernen

Wörter für Menschen sind **Nomen**.
Nomen werden großgeschrieben:
Mama, Tante, Opa.

1 Ordne Pias Verwandte den Namen zu.
Unterstreiche die Anfangsbuchstaben.

H. 1, S. 6, 1
Anna = Mama,
Paula = Schwester,
...

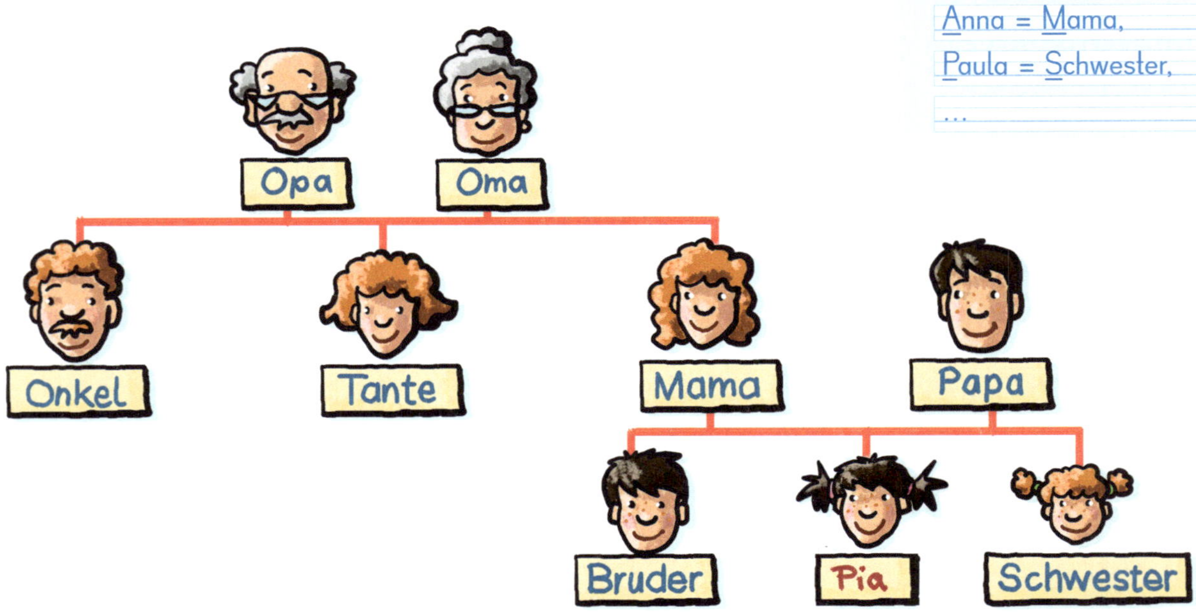

Anna	Jan
Paula	Valentin
Maria	Juri
Olga	Heinz

1 Nomen für Menschen schreiben

1 Ordne jedem Bild das passende Nomen zu.
Unterstreiche die großen Anfangsbuchstaben.

H. 1, S. 7, 1
a) Busfahrerin, b) …

Busfahrerin	Verkäuferin	Frisör
Bäcker	Ärztin	Koch
Lehrer	Bauer	Pilotin

a) 

b) 

c) 

d) 

e) 

f) 

g) 

h) 

i) 

2 Finde noch andere Berufe.

H. 1, S. 7, 2
Polizist, Tierpflegerin, …

1 Nomen für Tiere kennen lernen

Wörter für Tiere sind **Nomen**.
Nomen werden großgeschrieben:
Ameise, Fisch, Gans.

1 Finde die passenden Silben.
Schreibe die Wörter in dein Heft.
Unterstreiche die Anfangsbuchstaben.

H. 1, S. 8, 1
Biene, …

Bie-	Vo-	Af-	Zeb-	Ha-	Lö-
fe	ne	gel	se	we	ra

2 In der Wortschlange verstecken sich sechs verschiedene Tiere. Finde sie und schreibe sie auf.
Unterstreiche den Anfangsbuchstaben.

H. 1, S. 8, 2
Ameise, …

A M E I S E K A T Z E K U H S C H L A N G E F I S C H G A N S

3

1 Nomen für Tiere schreiben

1 Tiere findest du unter und auf der Erde,
im Wasser oder in der Luft.
Ordne zu.

H. 1, S. 9, 1
Erde: Regenwurm, Maus, ...
Wasser: Fisch, ...
Luft: Wespe, ...

2

1 Nomen für Pflanzen kennen lernen und schreiben

Wörter für Pflanzen sind **Nomen**.
Nomen werden großgeschrieben:
Rose, Tulpe, Apfelbaum.

1 Ordne die Nomen für Pflanzen in eine Tabelle.
Unterstreiche die großen Anfangsbuchstaben.

H. 1, S. 10, 1

Bäume	Blumen
Buche	...

Gänseblümchen | Rose

Tulpe | Tanne | Löwenzahn | Apfelbaum

Kastanienbaum | Buche

2 Schreibe Wörter für Pflanzen auf,
die du auf dem Bild findest.

H. 1, S. 10, 2

Gras, ...

→ AH Seite 5

1 Nomen für Dinge kennen lernen

Wörter für Dinge sind **Nomen**.
Nomen werden großgeschrieben:
Butter, Käse, Tisch, Tasse.

1

Milch | Wurst | Tasse | Löffel | Stuhl | Messer | Tisch | Saft

Brot | Torte | Käse | Glas | Gabel | Kuchen | Butter

1 Nomen für Dinge finden

1 Finde in jedem Rahmen die beiden Nomen für Dinge. Schreibe sie auf.

H. 1, S. 12, 1
a) Dinge im Kinderzimmer:
Puppe, ...
b) Dinge im Schulranzen:
...
c) Dinge im Kleiderschrank:
...

a) **Dinge im Kinderzimmer**

MBPUPPEAFLINRAUTOE
FBALLINPASNMURMELB

b) **Dinge im Schulranzen**

RNHEFTAETORDNEREO
NFTSTIFTFARADIERER

c) **Dinge im Kleiderschrank**

SKLEIDFTNAMMANTELO
AHOSEDFGIKSOCKENO

2 Dinge in der Wohnung

→ AH Seite 6

1 Nomen erkennen

① Die Kinder ordnen Nomen.
Überlege, wie sie dabei vorgehen.

② Ordne die Nomen.
Erkläre deine Vorgehensweise.
Begründe, warum zwei Wörter nicht in die Tabelle passen.

→ AH Seite 7

2 Die Artikel „der, die, das“ kennen lernen

1 Schreibe zu jedem Bild
das passende Nomen mit Artikel.
Unterstreiche den Artikel.

H. 1, S. 14, 1
a) der Traktor,
b) das Auto,
c) ...

der Traktor	die Bahn	der Bagger	
das Flugzeug	das Schiff	das Auto	die Kutsche

a) 

b) 

c) 

d) 

e) 

f) 

g) 

2

2 Artikel und Nomen zuordnen

1

2 Schreibe die Sätze auf und ergänze den Artikel und das passende Nomen. Unterstreiche den Artikel.

H. 1, S. 15, 2
a) Milch trinkt die Katze gerne.

Elefant	Katze	Pferd	Hummel

a) Milch trinkt ___ ___ gerne.

b) Mit seinem Rüssel trompetet ___ ___.

c) Vier Hufeisen braucht ___ ___.

d) Wenn sie fliegt, brummt ___ ___.

2 Die Artikel „ein, eine“ kennen lernen

Es gibt noch andere **Artikel**,
die vor Nomen stehen können:
ein Messer, **eine** Gabel.

1 Lege eine Tabelle für
die Artikel **ein** und **eine** an.
Ordne die Nomen zu.

H. 1, S. 16, 1

ein	eine
Messer	Gabel

Messer | Gabel | Topf | Deckel

Löffel | Schüssel | Teller | Glas

Pfanne | Tasse | Brett | Kuchenform

2 Welche Dinge sind in der Spülmaschine?
Schreibe die Wörter mit **ein** oder **eine** auf.

H. 1, S. 16, 2
ein Deckel, eine ...

→ AH Seite 13

2 Artikel einsetzen

1

2 Lies den Text mit den passenden Artikeln vor.

Um 7 Uhr läutet ___ Wecker.
Lea steht auf.
Sie geht in ___ Badezimmer,
dann in ___ Küche.
Mutter hat ___ Frühstück schon vorbereitet.
Lea holt noch ___ Marmelade.
Nach dem Frühstück fällt ihr ein,
dass ___ Schulranzen noch nicht gepackt ist.
Jetzt aber schnell!
Bald fängt ___ Schule an.
Ob Lea daran denkt,
___ Turnzeug mitzunehmen?

3 Löse das Rätsel. Schreibe die Nomen mit den Artikeln **ein** oder **eine** auf.

a) Es ist dick und hat viele Seiten.

b) Hier kann man Matheaufgaben hineinschreiben.

c) Damit kann ich eine gerade Linie zeichnen.

d) Wenn ich mich vertan habe, brauche ich diesen Gegenstand, um den Bleistift wegzubekommen.

3 Mehrzahlwörter mit -e

Nomen gibt es in der **Einzahl** und in der **Mehrzahl**.
Der Artikel von Mehrzahlwörtern ist **die**:
der Arm – die Arme, das Bein – die Beine.

1. Finde Wortpaare in Einzahl und Mehrzahl.
Notiere die Zahl und den Buchstaben.
Es ergibt sich eine Lösung.

H. 1, S. 18, 1
1 2 3 4 5 6 7
S E ...

1 der Arm | 2 der Ring | 3 das Bein

4 der Kopf | 5 der Strumpf | 6 der Hals | 7 der Schuh

S die Arme | E die Ringe | R die Köpfe

G die Strümpfe | U die Hälse | H die Beine | T die Schuhe

2. Zähle genau.
Schreibe die Zahl und das Mehrzahlwort auf.

H. 1, S. 18, 2
2 Hälse, ...

Anna und Sara sind Zwillinge.
Zusammen haben sie:

3 Mehrzahlwörter mit -n

1 Lies den Text einem Partnerkind vor.
Welches Bild passt? Besprecht euch.

Zwei Jungen laufen an einem Frühlingstag zum See.

Beide tragen karierte Hosen, Brillen, Mützen und Jacken.

Am Wegrand beobachten sie kleine Schnecken zwischen den Blumen.

Die Fliegen fliegen, die Wolken spiegeln sich im Wasser

und die Enten schauen die Jungen neugierig an.

2 Schreibe alle zehn Mehrzahlwörter aus dem Text von Aufgabe 1 ins Heft und ergänze dahinter die Wörter in der Einzahl.

H. 1, S. 19, 2
viele Blumen – eine Blume,
viele Jungen – ein Junge
...

3 Mehrzahlwörter mit -er

1 Lies den Text und überlege, zu welchem Bild welcher Satz passt.

H. 1, S. 20, 1
1 2 3 4
L ...

1 

2 

3 

4 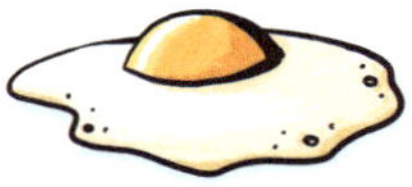

L	Lea hat ein schönes Bild gemalt.
B	Lea hat viele schöne Bilder gemalt.
K	Mama hat ein neues Kleid gekauft.
O	Mama hat zwei neue Kleider gekauft.
P	Tim hat ein Buch ausgeliehen.
L	Tim hat drei Bücher ausgeliehen.
A	Papa hat ein Spiegelei gebraten.
E	Papa hat vier Spiegeleier gebraten.

2 Ordne die Nomen für Dinge aus **1** in eine Tabelle in dein Heft.

H. 1, S. 20, 2

Einzahl	Mehrzahl
das Bild	die Bilder

3

→ AH Seiten 20, 21

3 Mehrzahlwörter ohne Veränderung

1

2 Finde sechs Paare.
Schreibe das jeweilig passende Einzahl- und Mehrzahlwort mit Artikel auf.

das Kissen	die Teller
der Teller	die Kissen
der Beutel	die Dackel
das Fenster	die Ferkel
der Dackel	die Beutel
das Ferkel	die Fenster

H. 1, S. 21, 2
das Kissen – die Kissen,
...

3 Unterschiedliche Mehrzahlwörter

1. Suche acht Nomen in der Einzahl heraus.
Male sie.

die Blätter	die Eule	die Wolken
die Gabel	das Messer	
die Straßen	die Schere	die Telefone
der Fisch	die Puppe	
die Pflanzen	das Flugzeug	die Vögel
die Worte	der Löffel	

2. Suche alle Kärtchen aus 1
mit Nomen in der Mehrzahl aus.
Schreibe sie mit der Einzahl auf.

H. 1, S. 22, 2
die Blätter – das Blatt,
...

3. Suche Mehrzahlwörter, die mit **-n** enden
und Mehrzahlwörter die auf **-er** enden.

H. 1, S. 22, 3

-n	-er
die Nasen	die Kinder
...	...

4 Verben kennen lernen

Verben sagen, was Menschen, Tiere, Pflanzen und Dinge tun:
essen, schlafen, trinken, wachsen.

1

2 Finde zu jedem Bild das passende Verb.
Schreibe das Verb auf.

H. 1, S. 23, 2
a) essen, b) …

sitzen	trinken	schlafen		
pfeifen	schneiden	essen	malen	lesen

a) 

b) 

c) 

d) 

e) 

f) 

g) 

h) 

3 Suche weitere Verben in der Wörterliste.

H. 1, S. 23, 3
…

4 Verben zusammensetzen und erkennen

1 Finde die passenden Silben.
Schreibe das richtige Verb zu den Tieren.

H. 1, S. 24, 1
Hähne krähen. Hunde …

krä- | bel- | schnat- | zwit- | piep- | qua-

len | tern | hen | ken | schern | sen

Hähne | Enten | Vögel

Hunde | Mäuse | Frösche

2 Bilde sinnvolle Sätze. Schreibe sie auf.
Unterstreiche in jedem Satz das Verb.

H. 1, S. 24, 2
Die Ente <u>schnattert</u> auf …

Die Ente	piepst vor Angst.
Der Hund	schnattert auf der Wiese.
Die Maus	bellt den Briefträger an.
Der Vogel	quakt und quakt.
Der Hahn	zwitschert hoch im Baum.
Der Frosch	kräht Kikeriki.

4 Verben und Nomen unterscheiden

1 Überlege dir, welche Wörter Nomen und welche Wörter Verben sind. Erkläre in der Gruppe.

BESEN	KEHREN	HOSE	BÜGELN
LAPPEN	PUTZEN	BRATEN	PFANNE
BACKEN	KUCHEN	HERD	KOCHEN
BEZIEHEN	BETT		

2 Schreibe die Wörter auf Wortkarten und ordne sie nach Nomen und Verben. Gestalte damit ein Plakat und erkläre dein Vorgehen.

4 Verben in der Ich-Form und Du-Form bilden

Verben verändern sich, je nachdem, wer handelt:
Der Junge schreibt. Ich singe. Du baust.

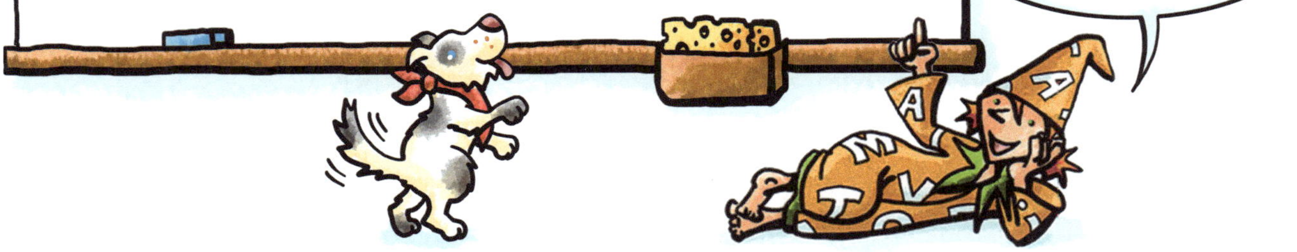

baden

naschen

spielen

bauen

kochen

singen

lesen

malen

schreiben

rennen

telefonieren

1 Was machst du gerne?
Schreibe drei Sätze auf und unterstreiche.

H. 1, S. 26, 1
Ich bade gerne. Ich …

2 Was machst du nicht gerne?
Schreibe drei Sätze auf.

H. 1, S. 26, 2
Ich schreibe nicht gerne. Ich …

3 Suche einen Partner.
Schreibe die Sätze deines Partners in die Du-Form. Unterstreiche.

H. 1, S. 26, 3
Du badest gerne. Du …

4 Verben in der Er-Form und Sie-Form schreiben

1 Schreibe die Verben in dein Heft und bilde die Er-Form.

kochen | gießen

füllen | braten | mischen

reiben | schieben

H. 1, S. 27, 1

Verben	Er-Form
kochen	er kocht
füllen	...

2 Schreibe die Verben in dein Heft und bilde die Sie-Form.

verrühren | sieben

kneten | rollen | schneiden

legen | backen

H. 1, S. 27, 2

Verben	Sie-Form
verrühren	sie verrührt
sieben	...

4 Verben in der Wir-Form und Ihr-Form finden

1

2 Ergänze die Sprechblasen und schreibe sie in der Wir-Form und Ihr-Form auf.

H. 1, S. 28, 2
Wir tanzen zusammen –
ihr tanzt zusammen.
Wir …

3 Bilde eigene Sätze in der Wir-Form und Ihr-Form.

H. 1, S. 28, 3
Wir …

4 Unterschiedliche Verbformen bilden

1 Erstelle zusammen mit anderen Kindern ein Plakat mit den unterschiedlichen Verbformen.

2

ich	spielen
du	lesen
er, sie	bauen
wir	singen
ihr	malen
sie	hüpfen

→ AH Seiten 26, 27

4 Verben erkennen

1 In jedem Rahmen ist ein Verb versteckt.
Schreibe es heraus.

H. 1, S. 30, 1
scheinen, ...

SONNE	SCHEINEN
STRAND	BADEN
WOLKE	REGNEN
WEHEN	WIND
GRABEN	SAND
AUTO	FAHREN
WASSER	SCHWIMMEN

2

5 Zusammengesetzte Nomen kennen lernen

Zusammengesetzte Nomen beschreiben Dinge genauer:
Ball – Fußball.
Man schreibt sie nur am Wortanfang groß:
Apfelkuchen, Kuchenform

① Schreibe die zusammengesetzten Nomen.

H. 1, S. 31, 1
Kuchenteller, …

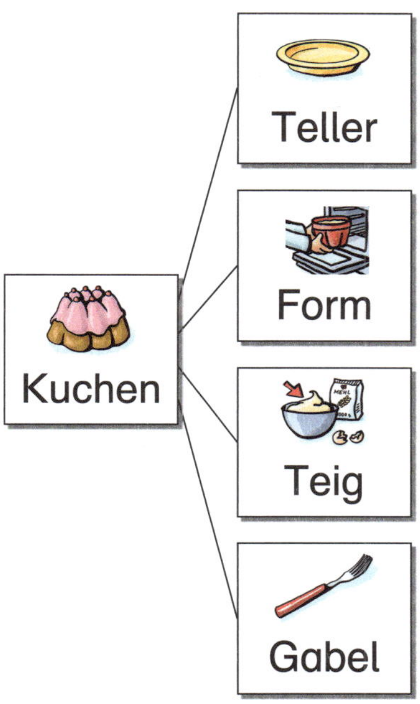

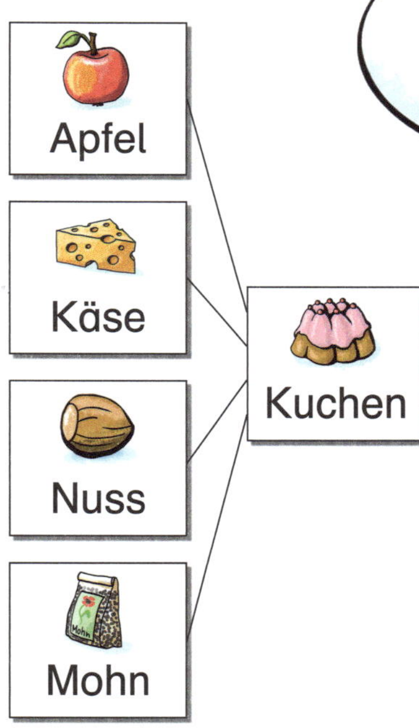

② Finde eigene zusammengesetzte Nomen mit Brot und Suppe und schreibe sie mit Artikel auf.

H. 1, S. 31, 2
Brot: das Butterbrot,
das Vollkornbrot, …
Suppe: …

→ AH Seite 34

5 Zusammengesetzte Nomen trennen

1 Trenne die zusammengesetzten Nomen.
Schreibe die Nomen mit dem Artikel auf.

H. 1, S. 32, 1
der Regen, der Tropfen
der Regen, das Wasser

Regentropfen

Regenwasser

Regenschirm

Windmühle

Windrad

Windjacke

Schneeflocke

Schneeball

Schneeanzug

Hausschlüssel

Fahrradschlüssel

Kellerschlüssel

2

5 Eine Wortpyramide lesen und schreiben

1. Lies die Wortpyramide.

Wald

Waldhexen

Waldhexenbesen

Waldhexenbesenstiel

2. Schreibe eine Wortpyramide auf.

Kräuter Warze Nasen Hexen

Gift Monster Schlangen Grube

Drachen Feuer Riesen Höhle

H. 1, S. 33, 2
Kräuter
Kräuterhexen
...

3. Denke dir eine eigene Wortpyramide aus.
Gestalte ein Wortpyramidenplakat.

5 Beschreibende Wörter kennen lernen

Manche Wörter beschreiben Menschen, Tiere, Pflanzen und Dinge genauer:

der Hund – der **nasse** Hund

der Ring – der **goldene** Ring

1 Suche zu jedem Bild das passende Wort.

H. 1, S. 34, 1

a) grün, b) rund, c) …

a) 

b) 

c) 

d) 

e) 

f) 

g) 

h) 

i) 

j) 

nass | rund | lang

grün | kaputt | schief | schmutzig

scharf | gelb | dick

2 Bilde zu jedem Bild einen Satz mit einem beschreibenden Wort aus **1**.

H. 1, S. 34, 2

Das Blatt ist grün.

Der Ball ist rund.

5 Rätsel lösen

1 Löse die Rätsel. Schreibe das Rätsel ab, das dir besonders gut gefällt.

H. 1, S. 35, 1
Es ist …

Es ist lang, es ist spitz, man schreibt damit. Es ist .	Es ist rund, es ist hohl, es kann hüpfen. Es ist .

2

3 Erkläre, wann du ein Rätsel richtig erraten kannst.

6 Wörter zu einem Begriff sammeln

1 Sortiere Spielzeuge und Werkzeuge in eine Tabelle.

H. 1, S. 36, 1

Spielzeug	Werkzeug
Puppe	Hammer

Hammer

Ball

Bohrer

Puppe

Zange

Säge

Teddy

Eisenbahn

Piratenschiff

Schere

2 Suche einen Begriff und finde möglichst viele Wörter dazu.

H. 1, S. 36, 2

...

Gemüse | Gebäude | ...

6 Passende Wörter finden

1 Finde den passenden Begriff,
der alle Wörter zusammenfasst.

H. 1, S. 37, 1
a) Musikinstrumente
b) ...

a) Cello | Geige | Klavier | Trommel

b) Hose | Hemd | Bluse | Pullover

c) Meerschweinchen | Katze | Hund | Hamster

d) Auto | Bus | Traktor | Lastwagen

2 Finde zusammenfassende Wörter und ordne zu.

Limonade

Pudding

Tee

Joghurt

Kaffee

Leberwurst

Salat

Sprudel

Spinat

3 Erkläre, wie du geordnet hast.

6 Wortfelder kennen lernen

Manche Wörter haben eine ähnliche Bedeutung:
sagen, flüstern, erzählen.

1

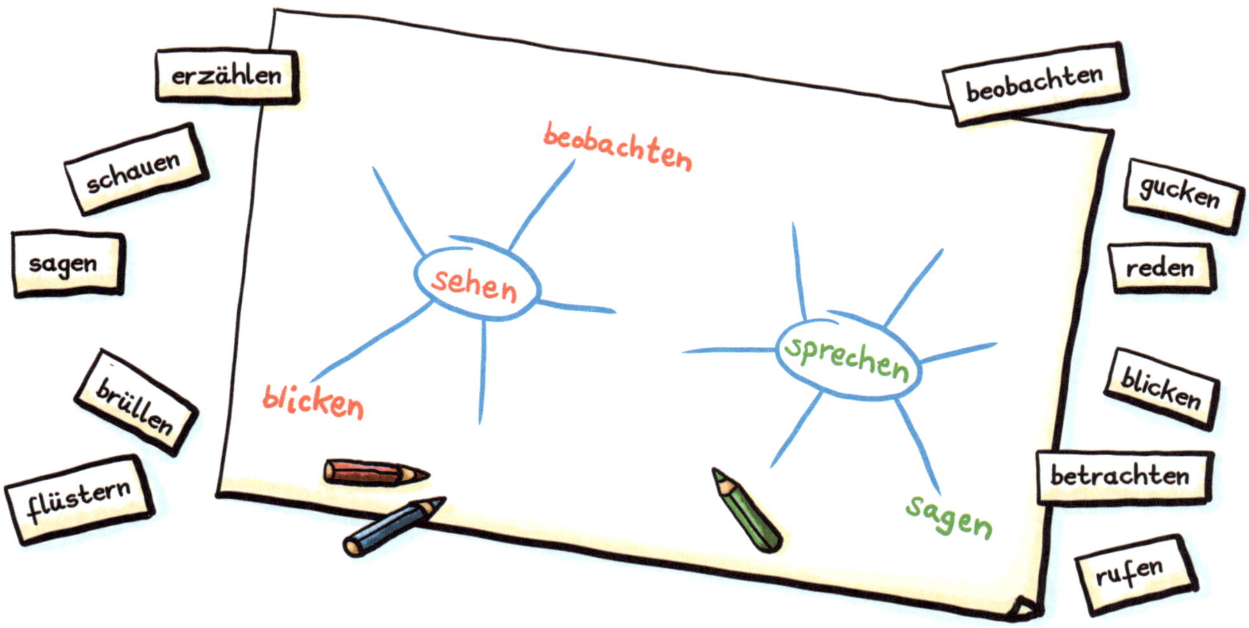

2 Suche alle Verben des Wortfelds **sprechen** und des Wortfelds **sehen** aus dem Text heraus und schreibe sie geordnet auf.

H. 1, S. 38, 2

sprechen	sehen
ruft	entdecken

Tim und Lisa entdecken auf dem Gehweg einen großen schwarzen Käfer. Sie betrachten ihn genau und beobachten, wie er schnell in Richtung Straße krabbelt. „Halt, pass auf!“, ruft Lisa, als ein anderes Kind sich nähert. „Wir müssen ihn retten“, sagt Tim. Er nimmt den Käfer vorsichtig auf die Hand und trägt ihn auf die Wiese. Zu Hause erzählen die beiden von ihrem Erlebnis. Die Mutter lobt: „Das habt ihr gut gemacht.“

6 Verben eines Wortfeldes untersuchen

1

2 Ordne die Verben aus dem Wortfeld **gehen** genauer.

wandern, spazieren

rennen, sausen | **gehen** | schleichen, huschen

springen, humpeln

a) durch die Landschaft **gehen**

b) ungleichmäßig **gehen**

c) schnell **gehen**

d) leise **gehen**

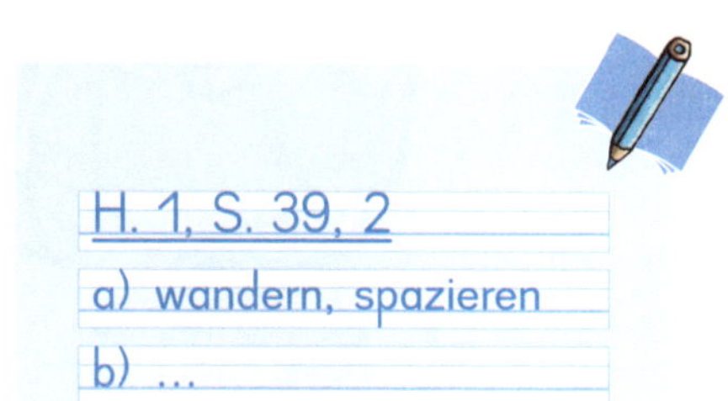

→ AH Seite 42

6 Mit Wortfeldern und Begriffen umgehen

1 Ein Verb in jeder Zeile passt nicht.
Finde es und schreibe es auf.

H. 1, S. 40, 1
schnarchen, …

Wortfeld **essen**	schmatzen	kauen	schnarchen	schlürfen
Wortfeld **musizieren**	flöten	träumen	trommeln	singen
Wortfeld **malen**	dösen	zeichnen	tuschen	anstreichen
Wortfeld **streiten**	zanken	kämpfen	raufen	schlummern

2 Bilde aus den falschen Wörtern von 1 ein neues Wortfeld.

Wortfeld: …

3

7 Sätze bilden

In einem **Satz** wird etwas erzählt oder erklärt.
Am Satzende steht ein **Punkt:**
Tim baut eine Sandburg.

1 Bilde Sätze.
Denke an den großen Buchstaben
am Satzanfang und den Punkt
am Satzende.

H. 1, S. 41, 1
Tim baut eine Sandburg.
Seine ...

eine Sandburg | Tim | baut

ihm | seine kleine Schwester | hilft

legt | Papa | auf den Grill | Würstchen

die Zeitung | liest | Mama

genießen | den Sommertag | alle

→ AH Seite 48

7 Sätze erweitern

1 Lies abwechselnd mit einem anderen Kind die Satztreppen vor.

a) Tim liest.
Tim liest abends.
Tim liest abends mit der Taschenlampe.
Tim liest abends mit der Taschenlampe unter der Bettdecke.

b) Lisa erzählt.
Lisa erzählt im Bett.
Lisa erzählt im Bett ihrer Schwester.
Lisa erzählt im Bett ihrer Schwester von ihren Erlebnissen.

2 Schreibe Satztreppen.
Setzte an jedem Satzende einen Punkt.

H. 1, S. 42, 2
Lea träumt.
Lea träumt ...

Lea träumt | oft
vom Urlaub | am Meer

Imo schläft | immer
im Korb | an der Tür

7 Auf Fragen antworten

1 Lisa stellt ihrer Lehrerin Fragen
für die Schülerzeitung.
Finde zu jeder Frage die passende Antwort.
Schreibe in dein Heft.

H. 1, S. 43, 1
Wie alt sind Sie?
Ich bin …

1 Wie alt sind Sie?

A Ja, ich habe zwei Söhne.

2 Wo wohnen Sie?

B Ich bin 45 Jahre alt.

3 Haben Sie Kinder?

C Ich wohne in einem alten Bauernhaus.

4 Was machen Sie in Ihrer Freizeit am liebsten?

D Meine Ferien verbringe ich gerne am Meer.

E Am liebsten gehe ich tanzen oder treibe Sport.

5 Wohin fahren Sie in den Urlaub?

→ AH Seite 49

7 Fragen stellen

1 Der Vater will viele Sachen über Elefanten wissen. Bilde Fragen zum Text.

H. 1, S. 44, 1
Wo leben Elefanten?

Elefanten sind die größten Landsäugetiere der Erde.
Sie leben in Herden und werden von einer Leitkuh angeführt.
Elefanten leben in Afrika und in Asien.
Die afrikanischen Elefanten sind größer als die asiatischen. Sie werden drei Meter hoch, fünf Tonnen schwer und bis zu sieben Meter lang.
Auch ihre Ohren sind größer.
Sie haben einen Rüssel, der ein Allzweckwerkzeug ist. Er dient zum Riechen, Tasten und Greifen.
Besonders benutzt er ihn aber zum Trinken und Tauchen.
Elefanten trompeten, wenn sie Angst haben oder wütend sind.

8 Wortbausteine kennen lernen

Wörter setzen sich aus **Wortbausteinen** zusammen.
Mit Wortbausteinen kannst du neue Wörter bilden:
vorsprechen
versprechen

1 Ergänze beim Lesen die Verben
mit den Wortbausteinen **ver-** und **vor-**.

sich im Heft ★★★schreiben
jemandem etwas ★★★schreiben

sich im Wald ★★★laufen
zur Tafel ★★★laufen

jemanden in der Schlange ★★★lassen
das Haus ★★★lassen

die Stimme ★★★stellen
die Freundin ★★★stellen

ein Gedicht ★★★sprechen
einem Freund etwas ★★★sprechen

dem Freund ★★★sagen
im Test ★★★sagen

sich nach einem Streit ★★★tragen
ein Lied ★★★tragen

2 Lege eine Tabelle an und schreibe auf.
Finde noch mehr Wörter mit **ver-** und **vor-**.

H. 1, S. 45, 2

ver-	vor-
vertragen	vortragen

8 Verben mit Wortbausteinen einsetzen und bilden

1 Setze passende Verben mit **ein-** und **aus-** ein.

	schlafen
ein-	packen
aus-	schalten
	führen

H. 1, S. 46, 1
a) einschlafen, ...
b) ...

a) Manchmal kann ich am Abend nicht ▢ .

Dann möchte ich am nächsten Morgen ▢ .

b) Vor der Sendung werde ich den Fernseher ▢ .

Nach der Sendung muss ich ihn ▢ .

c) Vor der Abreise müssen wir unsere Sachen ▢ .

Nach dem Urlaub werden wir sie wieder ▢ .

d) Wir wollen feste Regeln ▢ .

Deshalb muss ich Imo jeden Morgen um 7 Uhr ▢ .

2 Finde zu jedem Wortbaustein zwei passende Verben. Lege eine Tabelle an und ordne die Verben ein.

fehlen | reißen | fahren

teilen | grüßen | holen

H. 1, S. 46, 2
be-: befehlen, ...
zer-: ...
über-:

→ AH Seite 58

8 Den Wortstamm kennen lernen

Der Wortbaustein, der in allen Wörtern einer Familie gleich bleibt, nennt man Wortstamm.
ab bieg en, um bieg en, Bieg ung, ver bieg en.

1 Bilde aus den Wortbausteinen so viele Wörter wie möglich.

be

ab

um

nach

vor

ge

Fahr/fahr

en

er

zeug

rad

2

8 Mit Wortstämmen neue Wörter finden

Der **Wortstamm** hilft, Wörter einer Wortfamilie richtig zu schreiben:
Spielzeug, Spieler, spielen.

1

	Zeitlupe	Zeitmaschine	Malkasten
zeitig	malen	Zeitung	Malbuch
Zeitpunkt	Maler	anmalen	...

2 Gestalte selbst einen Baum.

→ AH Seite 60

8 Veränderte Wortstämme erkennen

1 Schreibe alle Wörter mit den Wortstämmen **flug / flieg** in dein Heft.

H. 1, S. 49, 1
Flughafen, ...

Sujin und Papa holen Mama vom Flughafen ab.
Von dort aus kann man in viele Länder der Erde fliegen.

Der Flughafen ist riesig und es geht dort sehr hektisch zu. Viele Menschen eilen durch die Hallen und viele warten mit ihren Koffern am Flugschalter. Bevor sie ins Flugzeug steigen, werden sie und ihre Koffer kontrolliert.

Papa und Sujin beobachten, was auf der Flugbahn passiert. Sie sehen zu, wie die Flugzeuge landen und abfliegen. Papa zeigt auf einen Bus: „Sieh mal, die Fluggäste werden mit dem Bus zum Flieger gefahren. Sie dürfen nicht über die Landebahn laufen, das wäre zu gefährlich."

8 Wortstämme erkennen und ergänzen

① Lies den Text.

Heute hat Tim ein Schulfest. Die Schule feiert ihren Geburtstag. Auf dem Schulhof stehen viele Stände. Tims Klasse macht Waffeln für die Feier. Auch die Eltern feiern mit und helfen am Stand.

② Schreibe die Wörter zu den Wortstämmen SCHUL und FEIER in dein Heft. Lege eine Tabelle an.

H. 1, S. 50, 2

schul	feier
...	...

③ Schreibe die Wörter zu dem passenden Wortstamm.

H. 1, S. 50, 3

schlaf: schlafen, ...

blü/blu: ...

schlaf

blü/blu

schlafen | blühen | Schlaf

Blüte | Schlafmütze

Blümlein | verschlafen | Blume

④ Sieh dir die Wörter an. Finde den Wortstamm und schreibe ihn auf.

H. 1, S. 50, 4

Wortstamm: ...

unglücklich | Glückwunsch

Glücksbringer | glücklich

Glück | beglückt

9 Wörterschlangen und Nomentreppen fortsetzen

1 Male eine Wortschlange und schreibe sie fertig.
Achte auf die Wortarten.

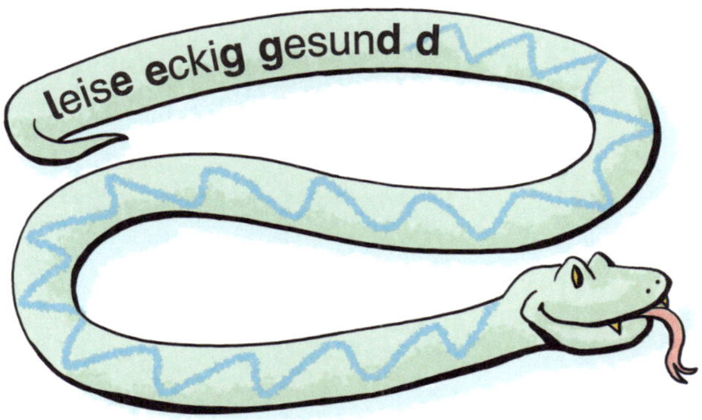

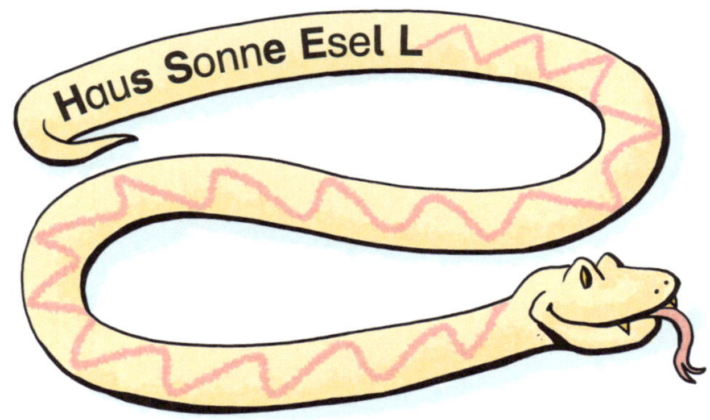

2 Setze die Nomentreppen fort.

H. 1, S. 51, 2
Liebesbrief
Brieftauben
...

3

9 Andere Schriftzeichen kennen lernen

1 Schau dir die Tafel an und lies den Text.

a	ا	h	ه	i, j	ي
e	ی	k	ك	t	ت
b	ب	l	ل	weiches s	ز
p	پ	m	م	scharfes s	س
d	د	n	ن	sch	ش
f	ف	o, u, v, w	و		
g	غ	r	ر		

In fast allen Ländern des Orients
wird mit der arabischen Schrift geschrieben.
Eine Ausnahme bildet die Türkei.

Die größten Unterschiede zu unserer Schrift sind:
1. In der Arabischen Schrift wird von **rechts** nach **links** geschrieben.
2. Die Arabische Schrift hat keine Zeichen für die einzelnen Vokale.

In der Arabischen Schrift werden die Buchstaben beim Schreiben
wie in unserer Schreibschrift miteinander verbunden.

Wir üben hier aber erst einmal die einzelnen Buchstaben.

Viel Spaß!

9 Namen in einer anderen Schrift schreiben

2

3 Schreibe deinen Namen auf Arabisch.
Achte auf die Schreibrichtung.

4 Suche dir einen Satz aus und schreibe ihn in arabischer Schrift.

Lola mag Tim.
Ich mag Lola.
Lola spielt mit Lisa Schule.

5 Schreibe einen eigenen Satz.
Dein Partnerkind versucht den Satz zu lösen.

9 Teekesselwörter spielen

1 Teekesselwörter haben unterschiedliche Bedeutungen.
Finde mit einem Partnerkind zu jedem Wort die beiden Bilder.

Hahn	Schloss	Löwenzahn	Blatt

2

→ AH Seiten 65, 66

9 Geheimschriften entschlüsseln

1 Entziffere die Geheimschriften.

H. 1, S. 55, 1
a) Lösung: Du …
b) Lösung: …
c) Lösung: …

a)

D B S E N C L U R U H
U I T I S H A E F C S !

b)

!etieS etztel eid tsi seiD

c)

A	B	C	D	E	F	G	H	I	J	K	L	M
1	2	3	4	5	6	7	8	9	10	11	12	13

N	O	P	Q	R	S	T	U	V	W	X	Y	Z
14	15	16	17	18	19	20	21	22	23	24	25	26

4 21 8 1 19 20 5 19
7 5 19 3 8 1 6 6 20 !

2

Einsterns Schwester 2

Grundschule Bayern

Themenheft 1
Sprache untersuchen

Herausgegeben von: Roland Bauer, Jutta Maurach

Erarbeitet von: Andrea Koch

Auf der Grundlage der Ausgabe von: Roland Bauer, Jutta Maurach

Unter Beratung von: Enno Hörsgen, Langerringen; Dr. Klaus Metzger, Gersthofen; Dr. Helga Rolletschek, Brunnthal; Prof. Dr. Angelika Speck-Hamdan, München

Redaktion: Anemone Fesl

Illustration: Yo Rühmer, Frankfurt am Main

Umschlaggestaltung: corngreen, Leipzig

Layout und technische Umsetzung: lernsatz.de

www.cornelsen.de

1. Auflage, 1. Druck 2013

Alle Drucke dieser Auflage sind inhaltlich unverändert und können im Unterricht nebeneinander verwendet werden.

Druck: Himmer AG, Augsburg

ISBN 978-3-06-083589-8

Dieses Heft ist Bestandteil des Pakets „Einsterns Schwester 2“ (ISBN 978-3-06-083438-9) und kann auch einzeln bestellt werden.

Inhalt gedruckt auf säurefreiem Papier aus nachhaltiger Forstwirtschaft.

Einsterns Schwester

Themenheft 1

Sprachgebrauch und Sprache untersuchen und reflektieren

Herausgegeben von
Roland Bauer
Jutta Maurach

Erarbeitet von
Andrea Koch, Schrobenhausen

Auf der Grundlage der Ausgabe von
Roland Bauer
Jutta Maurach

Cornelsen

Inhaltsverzeichnis

So kannst du mit den Heften arbeiten

Du machst alle
Seiten der Lernportion 1.

Zuerst im grünen Heft.

Dann im roten Heft.

Dann im gelben Heft.

Und dann im blauen Heft.

Danach machst du in
allen Heften die Lernportion 2.

Nun machst du in
allen Heften die Lernportion 3.

Genauso bearbeitest du
alle anderen Lernportionen.

1 Vornamen ordnen

1 Lege eine Tabelle mit zwei Spalten in deinem Heft an.
Trage die Namen der Kinder ein.
Unterstreiche die Anfangsbuchstaben.

H. 1, S. 5, 1

Mädchennamen	Jungennamen
Nina	Nasim

2 Ergänze die Tabelle mit deinen Lieblingsnamen.

3

Nomen für Menschen kennen lernen

Namen für Menschen nennt man **Nomen**.
Nomen werden großgeschrieben:
Mama, Tante, Opa.

1 Ordne Pias Verwandte den Namen zu.
Unterstreiche die Anfangsbuchstaben.

H. 1, S. 6, 1
Anna = Mama,
Paula = Schwester,
...

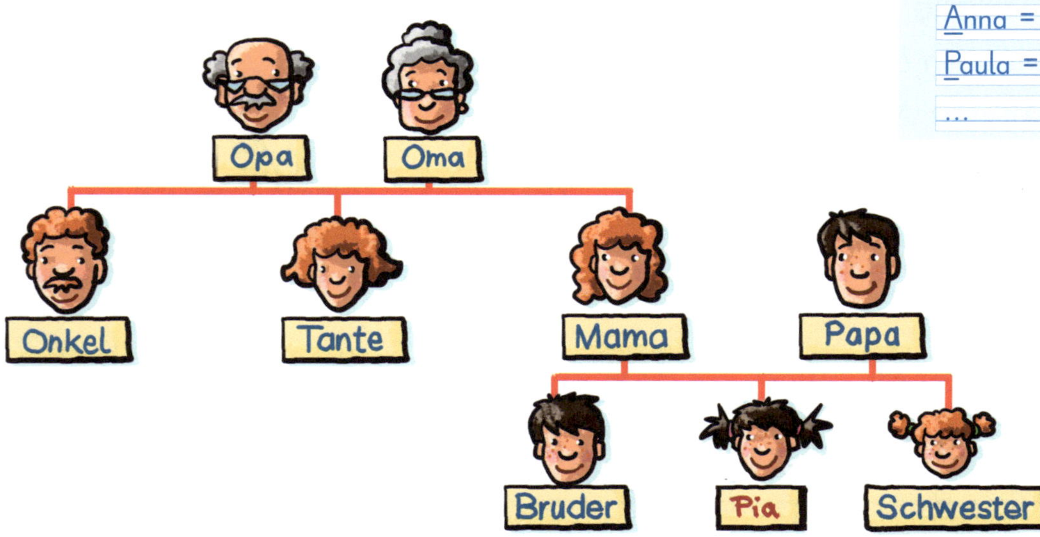

2 Suche dir ein Partnerkind. Vergleicht eure Lösungen.
Überprüft die Großschreibung.

1 Nomen für Menschen schreiben

1 Ordne jedem Bild das passende Nomen zu.
Unterstreiche die großen Anfangsbuchstaben.

H. 1, S. 7, 1
a) Busfahrerin, b) ...

Busfahrerin | Verkäuferin | Frisör
Bäcker | Ärztin | Koch
Lehrer | Bauer | Pilotin

a)

b)

c)

d)

e)

f)

g)

h)

i)

2 Suche dir ein Partnerkind.
Findet zusammen noch andere Berufe.

H. 1, S. 7, 2
Polizist, Tierpflegerin, ...

1 Nomen für Tiere kennen lernen

Namen für Tiere nennt man **Nomen**.
Nomen werden großgeschrieben:
Ameise, Fisch, Gans.

1 Finde die passenden Silben.
Schreibe die Wörter in dein Heft.
Unterstreiche die Anfangsbuchstaben.

H. 1, S. 8, 1
Biene, ...

Bie-	Vo-	Af-	Zeb-	Ha-	Lö-
fe	ne	gel	se	we	ra

2 In der Wortschlange verstecken sich sechs verschiedene Tiere. Finde sie und schreibe sie auf.
Unterstreiche den Anfangsbuchstaben.

H. 1, S. 8, 2
Ameise, ...

A M E I S E K A T Z E K U H S C H L A N G E F I S C H G A N S

3

1 Nomen für Tiere schreiben

1 Tiere findest du unter und auf der Erde,
im Wasser oder in der Luft.
Ordne zu.

H. 1, S. 9, 1
Erde: Regenwurm, Maus, ...
Wasser: Fisch, ...
Luft: Wespe, ...

2

1 Nomen für Pflanzen kennen lernen und schreiben

Namen für Pflanzen nennt man **Nomen**.
Nomen werden großgeschrieben:
Rose, Tulpe, Apfelbaum.

1 Ordne die Nomen für Pflanzen in eine Tabelle.
Unterstreiche die großen Anfangsbuchstaben.

Gänseblümchen | Rose

Tulpe | Tanne | Löwenzahn | Apfelbaum

Kastanienbaum | Buche

H. 1, S. 10, 1

Bäume	Blumen
Buche	...

2 Suche dir ein Partnerkind. Findet Wörter für Pflanzen, die ihr auf dem Bild seht. Schreibt die Wörter auf.

H. 1, S. 10, 2
Gras, ...

→ AH Seite 5

1 Nomen für Dinge kennen lernen

Namen für Dinge nennt man **Nomen**.
Nomen werden großgeschrieben:
Butter, Käse, Tisch, Tasse.

① Betrachte die Wort- und Bildkarten.
Überlege, wie du sie ordnen kannst.

Milch	Wurst	Tasse	Löffel	Stuhl	Messer	Tisch	Saft
Brot	Torte	Käse	Glas	Gabel	Kuchen	Butter	

② Suche dir ein Partnerkind.
Sortiert die Wort- und Bildkarten auf einem Blatt.

③ Stellt eure Sortierung anderen Kindern vor.

1 Nomen für Dinge finden

1 Finde in jedem Rahmen die beiden Nomen für Dinge. Schreibe sie auf.

H. 1, S. 12, 1
a) Dinge im Kinderzimmer:
Puppe, ...
b) Dinge im Schulranzen:
...
c) Dinge im Kleiderschrank:
...

a) Dinge im Kinderzimmer

MBPUPPEAFLINRAUTOE

FBALLINPASNMURMELB

b) Dinge im Schulranzen

RNHEFTAETORDNEREO

NFTSTIFTFARADIERER

c) Dinge im Kleiderschrank

SKLEIDFTNAMMANTELO

AHOSEDFGIKSOCKENO

2 Dinge in der Wohnung

→ AH Seite 6

1 Nomen erkennen

1 Die Kinder ordnen Nomen.
Überlege, wie sie dabei vorgehen.

2 Tausche dich
mit einem Partnerkind aus.

3 Suche mit deinem Partnerkind noch weitere Kinder.
Ordnet die Nomen in der Gruppe.
Erklärt eure Vorgehensweise.
Begründet, warum zwei Wörter nicht in die Tabelle passen.

→ AH Seite 7

2 Die Artikel „der, die, das“ kennen lernen

Nomen haben **Artikel**:
der Traktor, **die** Kutsche, **das** Schiff.

1 Schreibe zu jedem Bild das passende Nomen mit Artikel. Unterstreiche den Artikel.

H. 1, S. 14, 1
a) der Traktor,
b) das Auto,
c) …

der Traktor	die Bahn	der Bagger	
das Flugzeug	das Schiff	das Auto	die Kutsche

a) 

b) 

c) 

d) 

e) 

f) 

g) 

2

Der, die, das begleiten die Nomen. Sie heißen Artikel.

2 Artikel und Nomen zuordnen

1

2 Schreibe die Sätze auf und ergänze den Artikel und das passende Nomen. Unterstreiche den Artikel.

H. 1, S. 15, 2
a) Milch trinkt <u>die</u> Katze gerne.

Elefant	Katze	Pferd	Hummel

a) Milch trinkt ___ ___ gerne.

b) Mit seinem Rüssel trompetet ___ ___.

c) Vier Hufeisen braucht ___ ___.

d) Wenn sie fliegt, brummt ___ ___.

3 Suche dir ein Partnerkind. Es überprüft, ob du in **2** den richtigen Artikel benutzt hast und ob du richtig abgeschrieben hast.

2 Die Artikel „ein, eine“ kennen lernen

Es gibt noch andere **Artikel**,
die vor Nomen stehen können:
ein Messer, **eine** Gabel.

1 Lege eine Tabelle für
die Artikel **ein** und **eine** an.
Ordne die Nomen zu.

Messer | Gabel | Topf | Deckel

Löffel | Schüssel | Teller | Glas

Pfanne | Tasse | Brett | Kuchenform

H. 1, S. 16, 1

ein	eine
Messer	Gabel

2 Welche Dinge sind in der Spülmaschine?
Schreibe die Wörter mit **ein** oder **eine** auf.

H. 1, S. 16, 2

ein Deckel, eine ...

→ AH Seite 13

2 Artikel einsetzen

1

2 Lies den Text einem Partnerkind mit den passenden Artikeln vor.

Um 7 Uhr läutet ___ Wecker.
Lea steht auf.
Sie geht in ___ Badezimmer,
dann in ___ Küche.
Mutter hat ___ Frühstück schon vorbereitet.
Lea holt noch ___ Marmelade.
Nach dem Frühstück fällt ihr ein,
dass ___ Schulranzen noch nicht gepackt ist.
Jetzt aber schnell!
Bald fängt ___ Schule an.
Ob Lea daran denkt,
___ Turnzeug mitzunehmen?

3 Löse das Rätsel. Schreibe die Nomen mit den Artikeln **ein** oder **eine** auf.

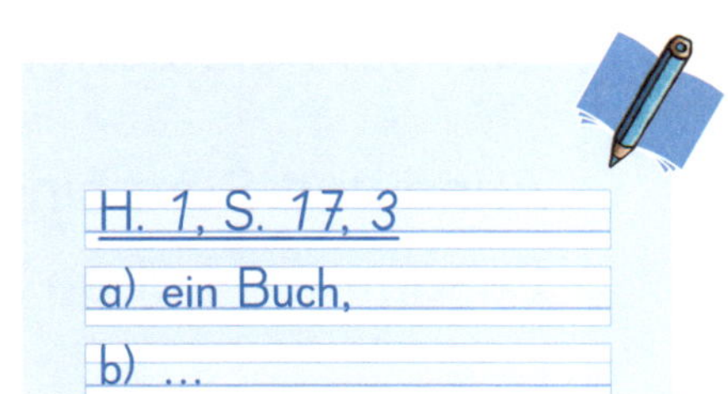

a) Es ist dick und hat viele Seiten.

b) Hier kann man Matheaufgaben hineinschreiben.

c) Damit kann ich eine gerade Linie zeichnen.

d) Wenn ich mich vertan habe, brauche ich diesen Gegenstand, um den Bleistift wegzubekommen.

3 Mehrzahlwörter mit -e

Nomen gibt es in der **Einzahl** und in der **Mehrzahl**.
Der Artikel von Mehrzahlwörtern ist **die**:
der Arm – die Arme, das Bein – die Beine.

Schwuppdiwupp
wird aus der, die, das
in der Mehrzahl die.

1 Finde Wortpaare in Einzahl und Mehrzahl.
Notiere die Zahl und den Buchstaben.
Es ergibt sich eine Lösung.

H. 1, S. 18, 1
1 2 3 4 5 6 7
S E ...

1 der Arm	2 der Ring	3 das Bein	
4 der Kopf	5 der Strumpf	6 der Hals	7 der Schuh
S die Arme	E die Ringe	R die Köpfe	
G die Strümpfe	U die Hälse	H die Beine	T die Schuhe

2 Zähle genau.
Schreibe die Zahl und das Mehrzahlwort auf.

H. 1, S. 18, 2
2 Hälse, ...

Anna und Sara sind Zwillinge.
Zusammen haben sie:

3 Mehrzahlwörter mit -n

1 Lies den Text mit einem Partnerkind abwechselnd Zeile für Zeile.
Welches Bild passt? Besprecht euch.

Zwei Jungen laufen an einem Frühlingstag zum See.

Beide tragen Brillen, Mützen, Jacken und karierte Hosen.

Am Wegrand beobachten sie kleine Schnecken zwischen den Blumen.

Die Fliegen fliegen, die Wolken spiegeln sich im Wasser

und die Enten schauen die Jungen neugierig an.

2 Schreibe alle zehn Mehrzahlwörter aus dem Text von Aufgabe 1 ins Heft und ergänze dahinter die Wörter in der Einzahl.

H. 1, S. 19, 2 + 3
viele Blumen – eine Blume,
viele Jungen – ein Junge
...

3 Suche mit einem Partnerkind weitere Mehrzahlwörter mit **-n**.
Schreibe sie zu 2 in dein Heft.

3 Mehrzahlwörter mit -er

1 Lies den Text und überlege, zu welchem Bild welcher Satz passt.

H. 1, S. 20, 1
1 2 3 4
L ...

1 

2 

3 

4 

- L Lea hat ein schönes Bild gemalt.
- B Lea hat viele schöne Bilder gemalt.
- K Mama hat ein neues Kleid gekauft.
- O Mama hat zwei neue Kleider gekauft.
- P Tim hat ein Buch ausgeliehen.
- L Tim hat drei Bücher ausgeliehen.
- A Papa hat ein Spiegelei gebraten.
- E Papa hat vier Spiegeleier gebraten.

2 Ordne die Nomen für Dinge aus **1** in eine Tabelle in dein Heft.

H. 1, S. 20, 2

Einzahl	Mehrzahl
das Bild	die Bilder

3

→ AH Seiten 20, 21

3 Mehrzahlwörter ohne Veränderung

1

2 Finde sechs Paare.
Schreibe das jeweilig passende Einzahl- und Mehrzahlwort mit Artikel auf.

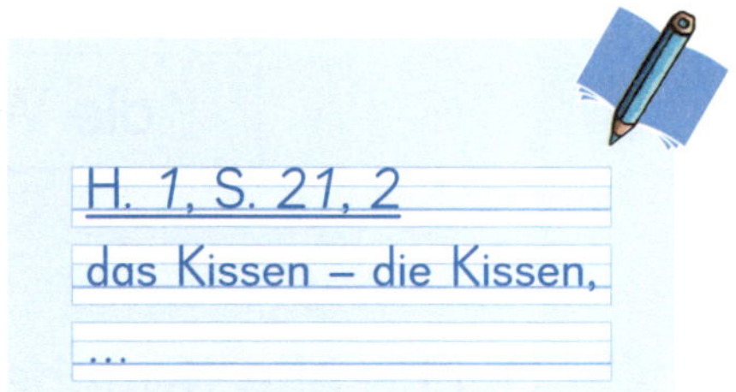

das Kissen	die Teller
der Teller	die Kissen
der Beutel	die Dackel
das Fenster	die Ferkel
der Dackel	die Beutel
das Ferkel	die Fenster

3 Die Nomen verändern sich in der Mehrzahl nicht.
Trotzdem kannst du erkennen, ob sie in der Einzahl oder in der Mehrzahl stehen.
Überlege und erkläre es einem Partnerkind.

3 Unterschiedliche Mehrzahlwörter

1 Suche acht Nomen in der Einzahl heraus.
Male sie.

die Blätter	die Eule	die Wolken
die Gabel	das Messer	
die Straßen	die Schere	die Telefone
der Fisch	die Puppe	
die Pflanzen	das Flugzeug	die Vögel
die Worte	der Löffel	

2 Suche alle Kärtchen aus **1**
mit Nomen in der Mehrzahl aus.
Schreibe sie mit der Einzahl auf.

H. 1, S. 22, 2
die Blätter – das Blatt,
...

3 Suche Mehrzahlwörter, die mit **-n** enden
und Mehrzahlwörter die auf **-er** enden.

H. 1, S. 22, 3

-n	-er
die Nasen	die Kinder
...	...

4 Verben in der Grundform kennen lernen

Verben sagen, was Menschen, Tiere, Pflanzen und Dinge tun:
essen, schlafen, trinken, wachsen.
Im Wörterbuch stehen sie in der **Grundform**.

1

2 Finde zu jedem Bild das passende Verb in der Grundform. Schreibe das Verb auf.

H. 1, S. 23, 2
a) essen, b) ...

sitzen	trinken	schlafen		
pfeifen	schneiden	essen	malen	lesen

a) 

b) 

c) 

d) 

e) 

f) 

g) 

h) 

3 Suche weitere Verben.
Die Wörterliste in Themenheft 2 kann dir helfen.

H. 1, S. 23, 3
...

4 Verben zusammensetzen und erkennen

1 Finde die passenden Silben.
Schreibe das richtige Verb zu den Tieren.

H. 1, S. 24, 1
Hähne krähen. Hunde ...

krä- | bel- | schnat- | zwit- | piep- | qua-

len | tern | hen | ken | schern | sen

Hähne | Enten | Vögel

Hunde | Mäuse | Frösche

2 Bilde sinnvolle Sätze. Schreibe sie auf.
Unterstreiche in jedem Satz das Verb.

H. 1, S. 24, 2
Die Ente <u>schnattert</u> auf ...

Die Ente	piepst vor Angst.
Der Hund	schnattert auf der Wiese.
Die Maus	bellt den Briefträger an.
Der Vogel	quakt und quakt.
Der Hahn	zwitschert hoch im Baum.
Der Frosch	kräht Kikeriki.

4 Verben und Nomen unterscheiden

① Überlege dir, welche Wörter Nomen und welche Wörter Verben sind.

BESEN	KEHREN	HOSE	BÜGELN
LAPPEN	PUTZEN	BRATEN	PFANNE
BACKEN	KUCHEN	HERD	KOCHEN
BEZIEHEN	BETT		

② Erkläre einem Partnerkind, wie du Verben und Nomen unterscheidest.

③ Suche mit deinem Partnerkind noch weitere Kinder. Schreibt die Wörter auf Wortkarten und ordnet sie nach Nomen und Verben. Gestaltet damit ein Plakat und erklärt euer Vorgehen in der Gruppe.

4 Verben in der Ich-Form und Du-Form bilden

Verben verändern sich, je nachdem, wer handelt:
Der Junge schreibt. Ich singe. Du baust.

baden

singen

spielen

bauen

kochen

naschen

lesen

malen

schreiben

rennen

telefonieren

1 Was machst du gerne?
Schreibe drei Sätze auf.
Unterstreiche die Ich-Form:
„ich“ und die Endung des Verbs.

H. 1, S. 26, 1
Ich bade gerne.
Ich ...

2 Was machst du nicht gerne?
Schreibe drei Sätze auf.
Unterstreiche wie in 1.

H. 1, S. 26, 2
Ich schreibe nicht gerne.
Ich ...

3 Suche dir ein Partnerkind.
Schreibe die Sätze deines Partnerkinds
in die Du-Form. Unterstreiche die Du-Form:
„du“ und die Endung des Verbs.

H. 1, S. 26, 3
Du badest gerne.
Du ...

4 Verben in der Er-Form und Sie-Form schreiben

1 Schreibe die Verben in dein Heft und bilde die Er-Form.

kochen | gießen

füllen | salzen | mischen

reiben | schieben

H. 1, S. 27, 1	
Verben	Er-Form
kochen	er kocht
füllen	...

2 Schreibe die Verben in dein Heft und bilde die Sie-Form.

verrühren | sieben

kneten | rollen | schneiden

legen | verzieren

H. 1, S. 27, 2	
Verben	Sie-Form
verrühren	sie verrührt
sieben	...

4 Verben in der Wir-Form und Ihr-Form finden

1

2 Ergänze die Sprechblasen und schreibe sie in der Wir-Form und Ihr-Form auf.

H. 1, S. 28, 2
Wir tanzen zusammen.
Ihr tanzt zusammen.
Wir …

3 Bilde eigene Sätze in der Wir-Form und Ihr-Form.

H. 1, S. 28, 3
Wir …

4 Unterschiedliche Verbformen bilden

1 Erstelle zusammen mit einem Partnerkind ein Plakat mit den unterschiedlichen Verbformen.

2

⚀	ich	⚀	spielen
⚁	du	⚁	lesen
⚂	er, sie	⚂	bauen
⚃	wir	⚃	singen
⚄	ihr	⚄	malen
⚅	sie	⚅	hüpfen

→ AH Seiten 27, 28

4 Verben erkennen

1 In jedem Rahmen ist ein Verb versteckt.
Schreibe es heraus.

H. 1, S. 30, 1
scheinen, ...

SONNE	SCHEINEN
STRAND	BADEN
WOLKE	REGNEN
WEHEN	WIND
GRABEN	SAND
AUTO	FAHREN
WASSER	SCHWIMMEN

2

5 Zusammengesetzte Nomen kennen lernen

Zusammengesetzte Nomen beschreiben Dinge genauer:
Ball – Fußball.
Man schreibt sie nur am Wortanfang groß:
Apfelkuchen, Kuchenform

① Schreibe die zusammengesetzten Nomen.

H. 1, S. 31, 1
Kuchenteller, ...

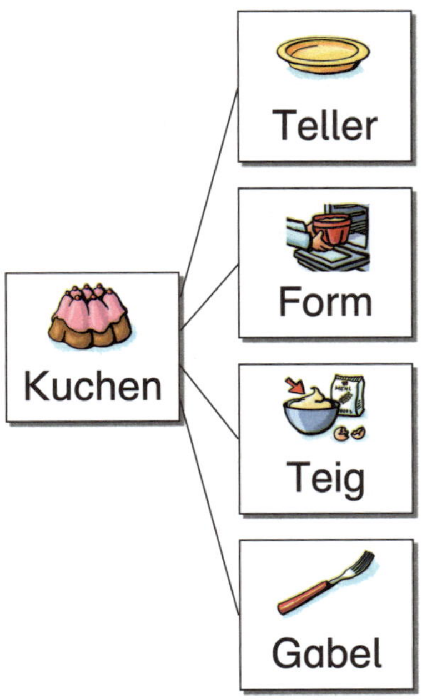

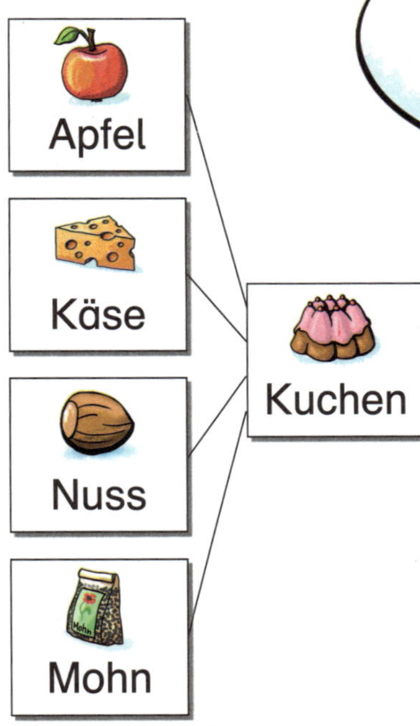

② Finde eigene zusammengesetzte Nomen mit Brot und mit Suppe und schreibe sie mit Artikel auf.

H. 1, S. 31, 2
Brot: das Butterbrot,
das Vollkornbrot, ...
Suppe: ...

→ AH Seite 33

5 Zusammengesetzte Nomen trennen

1 Trenne die zusammengesetzten Nomen.
Schreibe die Nomen mit dem Artikel auf.

H. 1, S. 32, 1
der Regen, der Tropfen
der Regen, das Wasser

Regentropfen

Regenwasser

Regenschirm

Windmühle

Windrad

Windjacke

Schneeflocke

Schneeball

Schneeanzug

Hausschlüssel

Fahrradschlüssel

Kellerschlüssel

2

5 Eine Wortpyramide lesen und schreiben

1 Lies die Wortpyramide.

Wald

Waldhexen

Waldhexenbesen

Waldhexenbesenstiel

2 Schreibe eine Wortpyramide auf.

Kräuter Warze Nasen Hexen
Gift Monster Schlangen Grube
Drachen Feuer Riesen Höhle

3 Denke dir eine eigene Wortpyramide aus.
Gestalte ein Wortpyramidenplakat.

5 Adjektive kennen lernen

Adjektive beschreiben Menschen, Tiere, Pflanzen und Dinge genauer:
der Hund – der **nasse** Hund
der Ring – der **goldene** Ring

1 Suche zu jedem Bild das passende Adjektiv.

H. 1, S. 34, 1
a) grün, b) rund, c) ...

a) 

b) 

c) 

d) 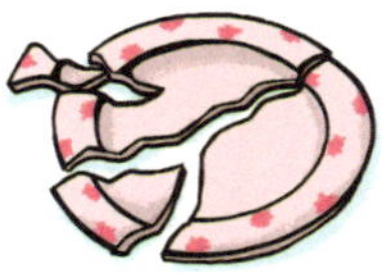

e) 

f) 

g) 

h) 

i) 

j) 

nass	rund	lang	
grün	kaputt	schief	schmutzig
scharf	gelb	dick	

2 Bilde zu jedem Bild einen Satz mit einem Adjektiv aus 1.

H. 1, S. 34, 2
Das Blatt ist grün.
Der Ball ist rund.

→ AH Seite 34

5 Rätsel lösen

1 Löse die Rätsel. Schreibe das Rätsel ab, das dir besonders gut gefällt.

H. 1, S. 35, 1
Es ist ...

Es ist lang,
es ist spitz,
man schreibt damit.
Es ist ▢.

Es ist rund,
es ist hohl,
es kann hüpfen.
Es ist ▢.

2

3 Suche dir andere Kinder. Erkläre in der Gruppe, wann du ein Rätsel richtig erraten kannst. Erkläre, wann ein Rätsel schwer oder leicht ist.

6 Wörter zu einem Begriff sammeln

1 Sortiere Spielzeuge und Werkzeuge in eine Tabelle.

H. 1, S. 36, 1

Spielzeug	Werkzeug
Puppe	Hammer

Hammer

Ball

Bohrer

Puppe

Zange

Säge

Teddy

Eisenbahn

Piratenschiff

Schere

2 Suche einen Begriff und finde möglichst viele Wörter dazu.

H. 1, S. 36, 2

...

Gemüse | Gebäude | ...

6 Passende Wörter finden

1 Finde den passenden Begriff, der alle Wörter zusammenfasst.

a) Cello | Geige | Klavier | Trommel

b) Hose | Hemd | Bluse | Pullover

c) Meerschweinchen | Katze | Hund | Hamster

d) Auto | Bus | Traktor | Lastwagen

H. 1, S. 37, 1
a) Musikinstrumente
b) ...

2 Finde zusammen mit einem Partnerkind zusammenfassende Wörter und ordne zu.

Tee

Limonade

Pudding

Joghurt

Salat

Kaffee

Leberwurst

Sprudel

Spinat

3 Suche dir mit deinem Partnerkind weitere Kinder. Erklärt in der Gruppe, wie ihr in 2 geordnet habt.

→ AH Seite 41

6 Wortfelder kennen lernen

Manche Wörter haben eine ähnliche Bedeutung:
sagen, flüstern, erzählen.

1

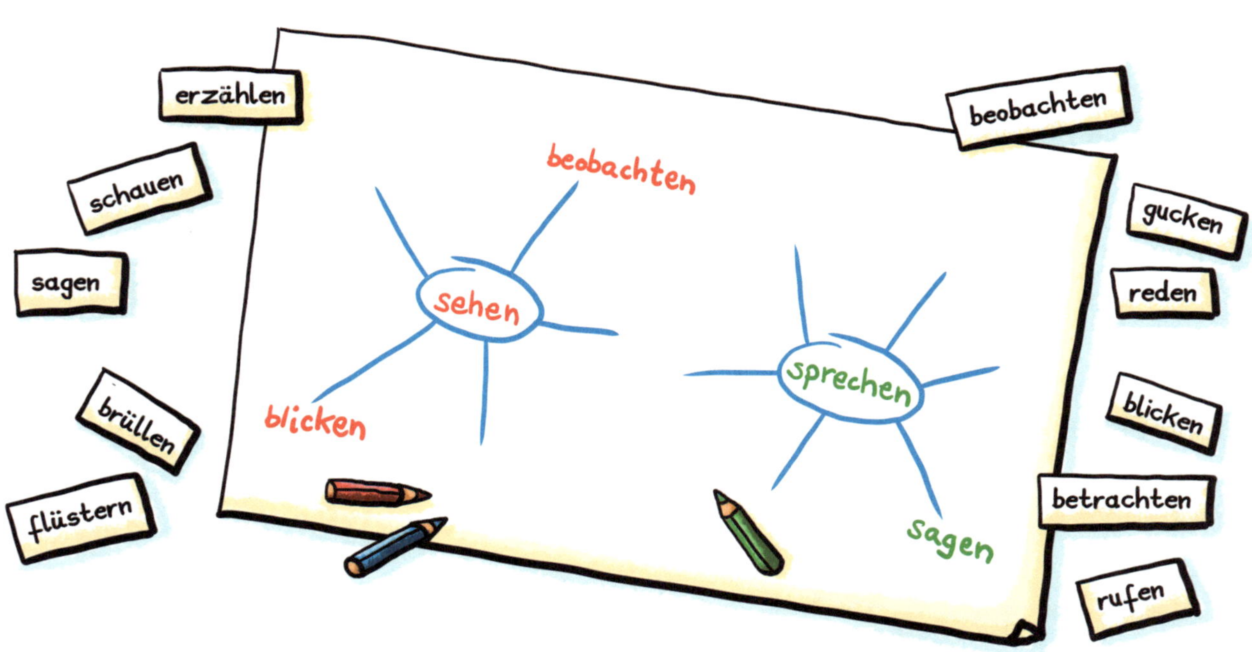

2 Suche alle Verben des Wortfelds **sprechen** und des Wortfelds **sehen** aus dem Text heraus und schreibe sie geordnet auf.

H. 1, S. 38, 2

sprechen	sehen
ruft	entdecken

Tim und Lisa entdecken auf dem Gehweg einen großen schwarzen Käfer. Sie betrachten ihn genau und beobachten, wie er schnell in Richtung Straße krabbelt. „Halt, pass auf!“, ruft Lisa, als ein anderes Kind sich nähert. „Wir müssen ihn retten“, sagt Tim. Er nimmt den Käfer vorsichtig auf die Hand und trägt ihn auf die Wiese. Zu Hause erzählen die beiden von ihrem Erlebnis. Die Mutter lobt: „Das habt ihr gut gemacht.“

6 Verben eines Wortfeldes untersuchen

1

2 Ordne die Verben aus dem Wortfeld **gehen** genauer.

H. 1, S. 39, 2
a) wandern, spazieren
b) ...

wandern, spazieren

rennen, sausen | **gehen** | schleichen, huschen

springen, humpeln

a) durch die Landschaft **gehen**

b) ungleichmäßig **gehen**

c) schnell **gehen**

d) leise **gehen**

3 Überlegt in der Gruppe, wobei euch Wortfelder helfen.

→ AH Seite 42

6 Mit Wortfeldern und Begriffen umgehen

1 Ein Verb in jeder Zeile passt nicht.
Finde es und schreibe es auf.

H. 1, S. 40, 1 + 2
schnarchen, …

Wortfeld **essen**	schmatzen	kauen	schnarchen	schlürfen
Wortfeld **musizieren**	flöten	träumen	trommeln	singen
Wortfeld **malen**	dösen	zeichnen	tuschen	anstreichen
Wortfeld **streiten**	zanken	kämpfen	raufen	schlummern

2 Bilde aus den falschen Wörtern von 1 ein neues Wortfeld.

Wortfeld: …

3

7 Aussagesätze bilden

In einem **Aussagesatz** wird etwas erzählt oder erklärt.
Am Satzende steht ein **Punkt**:
Tim baut eine Sandburg.
Der Punkt ist ein **Satzzeichen**.

1 Bilde Sätze.
Denke an den großen Buchstaben am Satzanfang und den Punkt am Satzende.

H. 1, S. 41, 1
Tim baut eine Sandburg.
Seine …

eine Sandburg	Tim	baut

ihm	seine kleine Schwester	hilft

legt	Papa	auf den Grill	Würstchen

die Zeitung	liest	Mama

genießen	den Sommertag	alle

7 Sätze erweitern

1 Lies abwechselnd mit einem Partnerkind die Satztreppen vor.
Schreibe eine Satztreppe in dein Heft.

H. 1, S. 42, 1
...

a) Tim liest.
Tim liest abends.
Tim liest abends mit der Taschenlampe.
Tim liest abends mit der Taschenlampe unter der Bettdecke.

b) Lisa erzählt.
Lisa erzählt im Bett.
Lisa erzählt im Bett ihrer Schwester.
Lisa erzählt im Bett ihrer Schwester von ihren Erlebnissen.

2 Schreibe Satztreppen.
Setzte an jedem Satzende einen Punkt.

H. 1, S. 42, 2
Lea träumt.
Lea träumt ...

Lea träumt | oft

vom Urlaub | am Meer

Imo schläft | immer

im Korb | an der Tür

3 Erfinde eine eigene Satztreppe.

H. 1, S. 42, 3
...

7 Das Ausrufezeichen benutzen

Wenn ich etwas befehle oder laut ausrufe, verändert sich meine Stimme. Beim Schreiben mache ich den **Ausruf** durch das **Ausrufezeichen** deutlich:

Komm endlich! Juhu!

Das Ausrufezeichen ist ein Satzzeichen.

1 Sieh dir die Verbote an.
Schreibe passende Befehle in der Du-Form.

H. 1, S. 43, 1
Du darfst kein Handy benutzen!
Du darfst kein ...

Wasser | Eis | Feuer | Handys | Schuhe | Roller

fahren | tragen | trinken | essen | anzünden | benutzen

2 Lies die Sätze laut mit einem Partnerkind. Achtet auf eure Stimme.
Denkt euch selbst solche Sätze und Ausrufe aus.

Ein Radfahrer kommt. – Achtung, ein Radfahrer kommt!

Es regnet. – Oh nein, es regnet!

Ich habe gewonnen. – Juhu, ich habe gewonnen!

3 Überlegt gemeinsam in der Gruppe,
wozu das Ausrufezeichen erfunden wurde.

7 Fragen stellen

Ein Satz, mit dem man etwas fragt, heißt **Fragesatz**.
Danach steht ein **Fragezeichen**:
Wie alt sind Sie? Wo wohnst du?

1 Der Vater will viel über Elefanten wissen.
Schreibe die Fragen und Antworten geordnet auf.

Wozu dient der Rüssel

Sie trompeten aus Angst oder Wut

Warum trompeten Elefanten

Elefantenherden werden von einer Leitkuh angeführt

Haben Elefantenherden einen Chef

Er dient zum Riechen, Tasten, Greifen

2 Schreibe die Fragen der Kinder beim Zoobesuch auf. Sie wollen wissen:

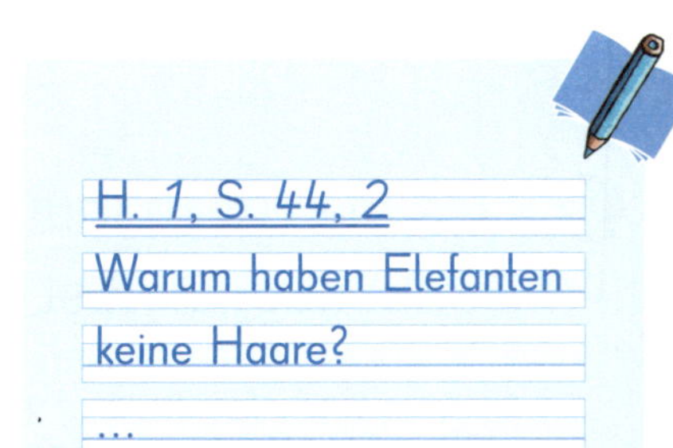

- warum Elefanten keine Haare haben
- ob man auf den Elefanten reiten kann
- wie alt Elefanten werden
- wie schwer ein Elefant ist
- ob Elefanten gerne baden
- ob Elefanten gefährlich sind
- was Elefanten fressen
- wo Elefanten leben

→ AH Seite 49

8 Wortbausteine kennen lernen

Wörter setzen sich aus **Wortbausteinen** zusammen.
Mit Wortbausteinen kannst du neue Wörter bilden:
vorsprechen, **ver**sprechen

1. Ergänze beim Lesen die Verben mit den Wortbausteinen **ver-** und **vor-**.

sich im Heft ***schreiben
jemandem etwas ***schreiben

sich im Wald ***laufen
zur Tafel ***laufen

jemanden in der Schlange ***lassen
das Haus ***lassen

die Stimme ***stellen
die Freundin ***stellen

ein Gedicht ***sprechen
einem Freund etwas ***sprechen

dem Freund ***sagen
im Test ***sagen

2. Lege mit einem Partnerkind eine Tabelle an und schreibt auf. Findet Wörter, die sich durch die Silben **ver-** oder **vor-** in ihrer Bedeutung verändern.

H. 1, S. 45, 2

Wort	ver-/vor-
tragen	vertragen
...	

3. Tragt in der Gruppe eure Ergebnisse zusammen. Erklärt die Bedeutung der Wörter und findet Beispielsätze.

8 Verben mit Wortbausteinen einsetzen und bilden

1 Setze passende Verben mit **ein-** und **aus-** ein.

	schlafen
ein-	packen
aus-	schalten
	führen

H. 1, S. 46, 1
a) einschlafen, …
b) …

a) Manchmal kann ich am Abend nicht ▢ .
Dann möchte ich am nächsten Morgen ▢ .

b) Vor der Sendung werde ich den Fernseher ▢ .
Nach der Sendung muss ich ihn ▢ .

c) Vor der Abreise müssen wir unsere Sachen ▢ .
Nach dem Urlaub werden wir sie wieder ▢ .

d) Wir wollen feste Regeln ▢ .
Deshalb muss ich Imo jeden Morgen um 7 Uhr ▢ .

2 Finde zu den Wortbausteinen **be-**, **zer-** und **über-** jeweils zwei passende Verben.

fehlen | reißen | fahren | teilen | grüßen | holen

H. 1, S. 46, 2
be-: befehlen, …
zer-: …
über-:

→ AH Seite 58

8 Den Wortstamm kennen lernen

Der **Wortbaustein**, der in allen Wörtern einer Familie gleich bleibt, heißt **Wortstamm**.
ab bieg en, um bieg en, Bieg ung, ver bieg en.

1 Bilde aus den Wortbausteinen so viele Wörter wie möglich.

be

ab

um

nach

vor

ge

Fahr/fahr

en

er

zeug

rad

2

→ AH Seite 59

8 Mit Wortstämmen neue Wörter finden

Der **Wortstamm** hilft, Wörter einer Wortfamilie richtig zu schreiben:
Baustein, bauen, Neubau
In einer Wortfamilie können alle **Wortarten** vorkommen:
der Spieler (Nomen), spielen (Verb), verspielt (Adjektiv)

1

	Zeitlupe	Zeitmaschine	Malkasten
zeitig	malen	Zeitung	Malbuch
Zeitpunkt	Maler	anmalen	…

2 Gestalte selbst einen Baum.

→ AH Seite 60

8 Veränderte Wortstämme erkennen

1 Schreibe alle Wörter mit den Wortstämmen **flug/flieg** in dein Heft.

Sujin und Papa holen Mama vom Flughafen ab.
Von dort aus kann man in viele Länder der Erde fliegen.

Der Flughafen ist riesig und es geht dort sehr hektisch zu. Viele Menschen eilen durch die Hallen und viele warten mit ihren Koffern am Flugschalter. Bevor sie ins Flugzeug steigen, werden sie und ihre Koffer kontrolliert.

Papa und Sujin beobachten, was auf der Flugbahn passiert. Sie sehen zu, wie die Flugzeuge landen und abfliegen. Papa zeigt auf einen Bus: „Sieh mal, die Fluggäste werden mit dem Bus zum Flieger gefahren. Sie dürfen nicht über die Landebahn laufen, das wäre zu gefährlich.“

8 Wortstämme erkennen und ergänzen

1 Lies den Text.

Heute hat Tim ein Schulfest. Die Schule feiert ihren Geburtstag. Auf dem Schulhof stehen viele Stände. Tims Klasse macht Waffeln für die Feier. Auch die Eltern feiern mit und helfen am Stand.

2 Schreibe die Wörter zu den Wortstämmen **schul** und **feier** in dein Heft. Lege eine Tabelle an.

H. 1, S. 50, 2

schul	feier
...	...

3 Schreibe die Wörter zu dem passenden Wortstamm.

H. 1, S. 50, 3
schlaf: schlafen, ...
blü/blu: ...

schlaf

blü/blu

schlafen | blühen | Schlaf

Blüte | Schlafmütze

Blümlein | verschlafen | Blume

4 Sieh dir die Wörter an.
Finde den Wortstamm und schreibe ihn auf.

H. 1, S. 50, 4
Wortstamm: ...

unglücklich | Glückwunsch

Glücksbringer | glücklich

Glück | beglückt

9 Türkische Wörter lernen

1 Versuche mindestens zwei Rätsel zu lösen.

Was kommt jeden Tag ganz frisch
zum Frühstück auf den Tisch?
Es ist ein leckeres Gebäck,
auf Türkisch heißt es „ekmek“.
(äck-mäck)

Wo warten spannende Abenteuer?
Wo gibt es Helden und Ungeheuer?
Wo geht es rund, mal auf, mal ab?
Auf Türkisch nennt man es „kitap“.
(ki-tapp)

Welches Obst ist süß und rund
und schmeckt jedem Kindermund?
Mal rot, mal grün wie ’ne Paprika
auf Türkisch nennt man es „elma“.
(äll-ma)

Manche sind in großer Eile,
bei manchen dauert’s eine Weile.
Das Gegenteil von rasch
heißt auf Türkisch „yavaş“.
(ja-wasch)

(Aygen-Sibel Çelik)

2 Suche dir ein Partnerkind. Löst gemeinsam die restlichen Rätsel.

3 Manche Wörter klingen im Deutschen sehr ähnlich wie im Türkischen.
Sie bedeuten aber etwas ganz anderes.
Ordnet mit anderen Kindern die gleich klingenden Wörter zu.

Araber	Fisch	Kalb	Ball

kalp (kalp)

araba (a-rra-ba)

bal (ball)

fiş (fisch)

9 Andere Schriftzeichen kennen lernen

1 Suche dir ein Partnerkind.
- Lest die Überschrift und seht euch die Tafel an.
- Lest abwechselnd Absatz für Absatz.

a	ا	h	ه	i, j	ي
e	ى	k	ك	t	ت
b	ب	l	ل	weiches s	ز
p	پ	m	م	scharfes s	س
d	د	n	ن	sch	ش
f	ف	o, u, v, w	و		
g	غ	r	ر		

Die arabische Schrift

In fast allen Ländern des Orients wird mit der arabischen Schrift geschrieben. Eine Ausnahme bildet die Türkei.

Die größten Unterschiede zu unserer Schrift sind:
1. In der arabischen Schrift wird von **rechts** nach **links** geschrieben.
2. Die arabische Schrift hat keine Zeichen für die einzelnen Vokale. Oben siehst du auf der Tafel „Hilfszeichen“ für die Leseanfänger.

In der arabischen Schrift werden die Buchstaben beim Schreiben wie in unserer Schreibschrift miteinander verbunden.
Wir üben hier aber erst einmal die einzelnen Buchstaben.

9 Namen in einer anderen Schrift schreiben

2

3 Schreibe deinen Namen auf Arabisch. Achte auf die Schreibrichtung.

4 Suche dir einen Satz aus und schreibe ihn in arabischer Schrift.

Lola mag Tim.
Ich mag Lola.
Lola spielt mit Lisa Schule.

5 Schreibe einen eigenen Satz. Dein Partnerkind versucht den Satz zu lösen.

→ AH Seite 65

9 Bairische Zwielaute untersuchen

1 Lies den Text zunächst leise.

Lehrerin: Heute lernen wir die Zwielaute.
Es gibt drei Zwielaute, nämlich **ei**, **eu** und **au**.

Schüler: Was, bloß so wenig?

Lehrerin: Was soll das heißen?

Schüler: Ja, mir in Bayern haben doch vui mehra!
Oiso …

ou: a grouß hous Brout
ea: Deandl dearfan treantschn
oi: ’s Hoiz moign hoin
oa: dahoam alloa woana
eu: im Weud is beud keut
ua: d’ Kuah guat fuadern
ei: heit an Deife deischn
äi: ’s Gäid schnäi zäin
ia: mia friat nia in d’ Knia
ui: in da Schui vui wuiseln

Schülerin: Da fehlt doch no oana!

Schüler: Wer denn nacha?

Schülerin: Gen**au**!

(Helmut Boiger, Grundschule Perkam, Niederbayern)

2 Suche dir andere Kinder.
- Verteilt die Rollen und lest den Text gemeinsam.
- „Übersetzt“ die bairischen Wörter ins Hochdeutsche.
- Findet selbst bairische Wörter in eurem Dialekt zu den einzelnen Zwielauten oder findet Wörter zu besonderen Eigenheiten eures Dialekts.
- Sucht Hörspiele, Musik und Bücher auf Bairisch.

→ AH Seite 66

9 Mit Gebärden Sätze bilden

1 Du kannst auch ohne Worte sprechen.
Schau dir die drei Sätze an.
Versuche sie mit deinen Händen nachzubilden.

Ich

kochen

Ich koche.

Du

schwimmen

Du schwimmst.

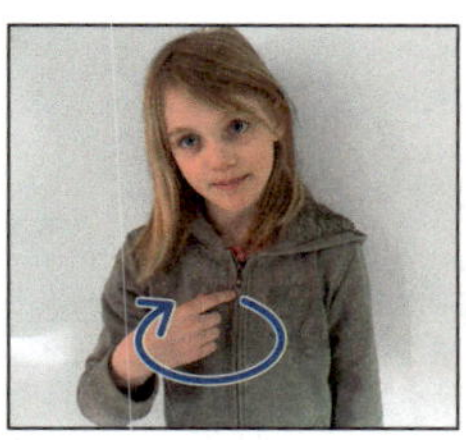
Wir

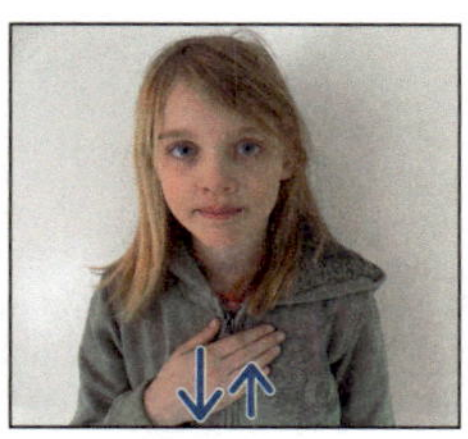
möchten

schwimmen

Wir möchten schwimmen.

2 Bilde den Satz: Du möchtest kochen.
Mache es einem Partnerkind vor.

3 Versuche gemeinsam mit anderen Kindern, weitere Sätze zu bilden.
Ihr könnt euch auch eigene Zeichen ausdenken.

gehen

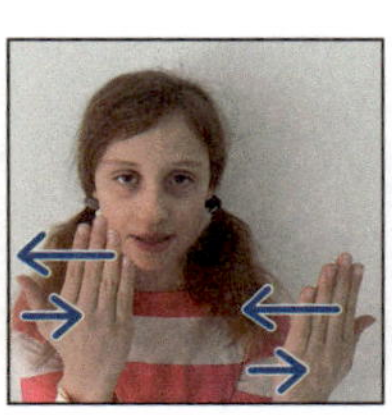
lesen

schlafen

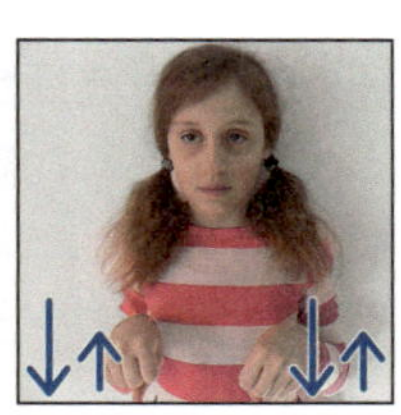
können

sollen

wollen

Einsterns Schwester 2

Grundschule Bayern

Themenheft 1
Sprachgebrauch und Sprache
untersuchen und reflektieren

Herausgegeben von: Roland Bauer, Jutta Maurach

Erarbeitet von: Andrea Koch, Schrobenhausen

Auf der Grundlage der Ausgabe von: Roland Bauer, Jutta Maurach

Unter Beratung von: Enno Hörsgen, Langerringen; Dr. Klaus Metzger, Gersthofen; Dr. Helga Rolletschek, Brunnthal; Prof. Dr. Angelika Speck-Hamdan, München

Unter Begutachtung von: Sandra Kroll-Gabriel, Ingolstadt

Redaktion: Anemone Fesl

Illustration: Yo Rühmer, Frankfurt am Main

Umschlaggestaltung: corngreen, Leipzig

Layout und technische Umsetzung: lernsatz.de

Text- und Bildquellen

51 Çelik, Aygen-Sibel: Sinan und Felix. SchauHör Verlag, Pulheim 2014.

54 Boiger, Helmut; Grundschule Perkam, Niederbayern. Wettbewerbsbeitrag (1. Platz, Niederbayern) des MundArt-Wettbewerbs „higschaugt – zug'horcht – mitgschwätzt", 2011; u. l.: Richard Oehmann / Doctor Döblingers geschmackvolles Kasperltheater; u. M.: Illustration: Reinhard Michl, aus „Sepp Depp Hennadreck" © 1994 by Edition Hieber im Allegra Musikverlag, Germany, © VG Bild-Kunst, Bonn 2014; u. r.: Cover: Woaßt du ibahapts, wie gern dass i di mog? von Sam McBartney © S. Fischer Verlag GmbH, Frankfurt am Main, 2014, erstmals erschienen 2004 im Sauerländer Verlag.

55 © Redaktion.

www.cornelsen.de

1. Auflage, 4. Druck 2017

Alle Drucke dieser Auflage sind inhaltlich unverändert
und können im Unterricht nebeneinander verwendet werden.

Druck: H. Heenemann, Berlin

ISBN 978-3-06-083589-8

Dieses Heft ist Bestandteil des Pakets „Einsterns Schwester 2" (ISBN 978-3-06-083438-9) und kann auch einzeln bestellt werden.

PEFC
PEFC/04-31-1156

PEFC zertifiziert
Dieses Produkt stammt aus nachhaltig bewirtschafteten Wäldern und kontrollierten Quellen.
www.pefc.de